AF232011

LA
RÉVOLUTION DÉFINITIVE

PAR

ALPHONSE PIGNOLET

CORBEIL

IMPRIMERIE DE CRÉTÉ FILS

—

1872

LA

RÉVOLUTION DÉFINITIVE

LA RÉVOLUTION DÉFINITIVE

SITUATION

Avant d'aborder l'examen des graves questions qui font l'objet de ce travail, il est de toute nécessité de jeter un coup d'œil sur la situation actuelle de la France au point de vue de la politique intérieure.

En effet, il n'est pas de peuple ancien ou moderne qui présente dans son histoire une phase comparable à celle que nous traversons aujourd'hui. L'on trouverait peut-être quelque chose d'analogue dans les mois qui ont précédé la restauration de Charles II en Angleterre pendant le protectorat militaire de Monk, et encore ces quelques points de ressemblance sont trop peu précis pour servir de base à un rapprochement formel.

Il s'agit de la France, et nous en sommes à nous demander : « Sous quel régime vivons-nous ? » Quand nous lui aurons trouvé une définition qui lui convienne, pourrons-nous affirmer que ce régime est définitif ? S'il n'est que transitoire, oserons-nous lui fixer une échéance et déterminer le but vers lequel nous tendons d'une manière claire, précise et qui ne laisse dans les esprits ni trouble ni confusion ? Non : nous sortons d'une crise telle qu'il nous semble suffisant d'avoir le droit de respirer, et nous gardons le silence comme si nous voulions nous cacher à nous-mêmes notre impuissance à résoudre le formidable problème qui s'est imposé.

Mais ce silence est bien dangereux, et dans cette trève des partis qui nous procure un calme relatif, rien ne vient rassurer l'avenir. Pour tout esprit sérieux le champ est ouvert à toute compétition du pouvoir, et chacun semble dans son for intérieur ne pas mettre un instant en doute l'avénement prochain de son gouvernement de prédilection. C'est même à cette seule cause qu'il faut attribuer la suspension de la lutte et cette sorte d'équilibre que garde pour un instant notre statut social. Chacun se croit si sûr du succès qu'il dédaigne l'attaque et reste sur la défensive. Mais qu'une circonstance quelconque vienne déranger cette instabilité si sensible, tout s'écroule tout est remis en question, et la lutte ardente, passionnée, s'engage, avec son cortége inévitable de ruines et de bouleversements.

Et d'ailleurs ce n'est pas d'aujourd'hui seulement que nous vivons dans un état aussi précaire. Que de fois sous le régime impérial ne nous sommes-nous pas demandé ce qui arriverait si Napoléon III venait tout à coup à disparaître ! Une régence était-elle bien sérieusement possible, et n'eussions-nous pas vu surgir ces familles de prétendants, levant leurs drapeaux disparates et fournissant au parti républicain radical le prétexte de descendre aussi dans l'arène ? C'est-à-dire, comme seule issue, le régime du droit du plus fort qui ne laisse au parti qui succombe, que le désespoir, la haine, l'hostilité sourde des conspirations en attendant l'heure de la revanche, seule espérance des vaincus.

Depuis quatre-vingts ans nous avons vu se succéder bien des régimes, bien des gouvernements différents d'origine, de base, de tendances ; chacun d'eux s'est flatté, dans la fierté de ses principes, de fonder l'ère de stabilité, et toujours le fait brutal est venu démontrer l'inanité de cet orgueil. Nous n'avons pas à rechercher ici les causes qui ont emporté la Restauration, le gouvernement de Juillet, la République de 1848 et les deux Empires ; assez d'autres l'ont fait avant nous avec plus d'autorité. Nous n'en tirerons qu'une conséquence, qu'un enseignement : c'est que les chartes, les constitutions, les pondérations de pouvoirs, le droit divin, la légitimité, l'irresponsabilité du parlementarisme ne sont que des expressions abstraites, des théories philosophiques dont les événements démontrent l'impuissance, et que c'est dans une autre voie qu'il faut chercher la solution du problème politique.

Cela dit du passé, revenons à l'heure présente. Jamais la situation n'a été plus propice pour fonder ; nous semblons avoir fait si bien table rase de nos anciennes institutions que nous évitons même le nom que l'on pourrait donner à notre régime actuel de gouvernement. Nous inscrivons en tête de nos actes officiels l'expression : *République française*, et pendant ce temps l'on entend déclarer en pleine Chambre que nous ne sommes pas *en République*, et ce cri ne paraît pas séditieux ! La Chambre actuelle, la plus libre pourtant qui soit jamais sortie du suffrage universel, ne paraît pas se regarder comme constituante, puisqu'elle s'occupe de toute autre chose que d'une forme gouvernementale. D'un autre côté, elle se regarde comme souveraine, puisqu'en ce moment même elle va déléguer pour trois ans le pouvoir exécutif au courageux vieillard qui s'est, malgré son âge, trouvé à la hauteur de nos destinées ! La trêve continue donc entre les partis et l'avenir est réservé. Nous pouvons compter sur une heure de repos. C'est cette période de recueillement qu'il faut savoir mettre à profit. Ne récriminons plus : que le passé s'efface de nos mémoires et emporte avec lui nos rancunes et nos haines, pour ne nous laisser que la dure leçon de l'expérience. Profitons des fautes de tous sans les jeter éternellement à la face de ceux qui les ont commises. Ne voyons plus que l'avenir, et, sans distinction de parti, mettons-nous tous à l'œuvre. Que chacun descende au fond de sa conscience et se recueille avec le seul objectif du bien public. Apportons tous pour l'édifice qu'il s'agit de construire le fruit de nos sages méditations : et d'un travail universel aussi honnête, il est impossible qu'il ne surgisse pas un ensemble de vérités tel qu'on ne puisse en former un tout homogène, puissant, répondant aux besoins du présent et laissant large ouverte la voie du progrès.

La grandeur du but doit faire taire tout sentiment de vanité ou de modestie. C'est ce qui nous détermine à exposer aujourd'hui nos idées personnelles. En pareille matière, l'infiniment petit lui-même a son importance.

FORME DE GOUVERNEMENT

Quel est le meilleur gouvernement qui convienne à une grande agglomération sociale comme la France ?

Pour examiner cette question, on se place communément à un point de vue erroné. En effet, la qualité d'un gouvernement dépend moins de sa forme que de la manière dont ses rouages fonctionnent. Tout gouvernement est bon quand l'ensemble de ses institutions est tel que la liberté de l'individu n'a pour limite que la liberté de son prochain, et que la somme des efforts particuliers ne peut avoir pour résultante qu'une force collective et sociale. Aussi, avant de rechercher quelles institutions conviennent plus particulièrement aux mœurs d'un peuple, il faut tout d'abord songer à lui créer un gouvernement dont la durée soit la condition primordiale, et ne puisse jamais être mise en doute.

La question ainsi posée ne peut recevoir qu'une solution. Le gouvernement républicain seul présente ces conditions de stabilité. Il existe indépendamment des hommes qui le représentent ; et tel individu, telle famille peut s'éteindre et disparaître sans lui porter préjudice ; il est au-dessus des événements. Il est la plus haute expression du corps social ; il en reçoit son éternité.

Ces vérités sont tellement palpables qu'il y a une sorte de naïveté à les énoncer. En effet, prenez l'homme consciencieux ; à quelque parti qu'il appartienne, il ne fera aucune difficulté d'avouer que la République est le gouvernement par excellence ; mais il en nie le côté pratique, applicable à nos mœurs françaises ; et pour argument, l'histoire en main, il nous objectera le sort des essais de république que nous avons tentés depuis 1789. A première vue l'objection est sérieuse, car si elle est impuissante contre les principes, les faits semblent par une concordance fatale lui venir en aide et l'appuyer. Mais ne perdons pas de vue que jusqu'à présent la République est toujours sortie d'une secousse violente, qu'elle a toujours apparu au lendemain des soulèvements populaires comme le symbole d'une société tourmentée, comme le drapeau du désordre, des revendications insensées. Fille de la violence, elle a toujours porté le sceau fatal de son origine ; et par un raisonnement qui n'est qu'une pétition de principe, on lui a attribué les fautes et les crimes qui accompagnent chaque révolution, quelles qu'en soient les causes. Elle a été le paria sur lequel on a fait peser toute la responsabilité de la tourmente, et comme il est vrai qu'elle a toujours succombé sous le poids de sa tâche, les régimes qui lui ont succédé se sont facilement attribué le mérite du rétablissement de l'ordre, rejetant sur la République toutes les causes de ruines, tous les mépris, toutes les flétrissures. On n'a jamais laissé à la République le temps de s'affermir, de produire la sécurité, le crédit, le respect du principe d'autorité ; et sans examen plus approfondi on a conclu à son impuissance.

Mais aujourd'hui la République vient de triompher de la plus formidable insurrection qui ait jamais menacé son existence ; elle a par conséquent donné toutes les garanties possibles de son désir d'ordre ; elle doit rallier tous les esprits généreux qui voudront lui donner leur concours franc, loyal et désintéressé. C'est pourquoi nous disions plus haut que jamais les circonstances n'avaient été plus favorables à l'établissement du vrai régime républicain.

Voyons maintenant comment, à notre avis, doit fonctionner le gouvernement républicain pour satisfaire à la fois les conditions de durée qui sont essentielles et donner au groupe social la sécurité, la force et la grandeur.

DU SUFFRAGE UNIVERSEL

Nous n'hésiterons pas à demander au suffrage universel la base de nos institutions. Jusqu'alors, il est vrai, le suffrage universel n'a pas donné les résultats de sagesse qu'on pouvait attendre de lui. Nous l'avons vu fonctionner sous la pression des circonstances avec une légèreté telle qu'entre les mains d'un gouvernement plus habile qu'honnête, on peut en quelque sorte lui faire exprimer tout ce que l'on désire. Les uns ont cherché le remède à cette mobilité française dans la suppression des candidatures officielles ; les autres ont voulu surtout relever l'institution par l'instruction des masses électorales. Malheureusement ce dernier moyen n'a jamais été qu'un noble désir, qu'un vœu exprimé. Ayons donc une fois pour toutes le courage de nous affranchir des phrases toutes faites qui, sous la grandeur des expressions, cachent l'impossibilité pratique de l'idée. Eh quoi ! quand nous voyons des hommes richement doués sous le rapport de l'intelligence, qui ont passé dans l'étude de longues années, qui, dégagés de toute ambition personnelle, ont su s'élever au-dessus des étroites préoccupations de parti, quand nous voyons ces hommes, dis-je, hésiter à formuler leurs opinions politiques, ou du moins présenter des systèmes si étrangement différents ou hostiles, comment pourrions-nous espérer obtenir de la masse des électeurs un vote raisonné et portant l'empreinte de la valeur individuelle plutôt que celle de l'entraînement des groupes politiques ? Sans doute il faut répandre l'instruction, sans doute il faut éclairer le suffrage universel, mais c'est là l'œuvre des temps, de la pratique saine des doctrines politiques qui ne s'adresseront qu'au bon sens et à l'instinct des masses qui avant tout veulent sauvegarder leurs intérêts personnels. En attendant, proclamons le principe du suffrage universel, mais ne lui demandons pas plus qu'il ne peut exprimer ; et pour garantie de ses écarts, mettons sous ses yeux d'une manière immédiate et constante les faits administratifs des hommes qu'il aura choisis.

Nous croyons avoir atteint ce résultat par le système que nous allons exposer. Procédant du simple au composé, nous examinerons successivement :

1° L'organisation de la commune et son administration par le conseil communal et le maire ;

2° L'organisation du département et son administration par le conseil départemental et le préfet ;

3° Enfin l'organisation de l'État et son administration par la Chambre souveraine et le Président de la République.

Donner à chaque groupe administratif sa vie propre, sa responsabilité particulière, la liberté dans le cercle de ses attributions sans créer de conflits ; éviter l'écueil de la création de petits États dans un grand ; par conséquent laisser la France *une* et *forte*, tel est le but : voyons comment il peut être atteint.

Beaune, le 25 août 1871.

CHAPITRE I

DE LA COMMUNE — DU MAIRE — DU CONSEIL COMMUNAL — LEURS ATTRIBUTIONS

Nous serons relativement bref sur ce point, notre intention n'étant pas de faire une loi communale complète, mais d'indiquer les réformes que nous désirons voir introduire, et de poser seulement les principes généraux, laissant aux législateurs la création définitive de la loi organique.

Les communes seront administrées par un corps communal composé du *maire*, des *adjoints* et des *conseillers communaux*.

Les fonctions de maire, d'adjoint et de conseillers communaux sont essentiellement gratuites.

Il y aura un seul adjoint dans les communes de 2,500 habitants et au-dessous; deux dans celles de 2,500 à 10,000 habitants; et dans les communes d'une population supérieure, un adjoint de plus par chaque excédant de 20,000 habitants.

Les maires et les adjoints sont nommés par le conseil communal; ils seront choisis parmi ses membres et ne cesseront pas pour cela d'en faire partie.

Ils peuvent être suspendus par le conseil départemental; mais ils ne sont révocables que par le Président de la République, sur le rapport et la proposition du conseil départemental.

Les maires et les adjoints sont nommés pour cinq ans; ils doivent être âgés de trente ans au moins et avoir leur domicile dans la commune.

I. — DU CONSEIL COMMUNAL

Chaque commune a un conseil communal composé, y compris le maire et les adjoints, savoir : de 10 membres dans les communes de 500 habitants et au-dessous; de 12 dans celles de 500 à 1,500 habitants; de 16 dans celles de 1,500 à 2,500; de 21 dans celles de 2,500 à 3,500 ; de 23 dans celles de 3,500 à 10,000; de 27 dans celles de 10,000 à 30,000 ; et de 36 dans celles de 30,000 et au-dessus.

Les conseillers communaux sont nommés au scrutin de liste par le suffrage universel des électeurs communaux. Sont électeurs communaux tous les habitants de la commune, Français, majeurs, ayant leur résidence et leur domicile réel dans la commune depuis au moins un an et jouissant de leurs droits civils et politiques.

La liste en sera dressée par une commission prise au sein du conseil communal et présidée par le maire ; elle sera publique et tous les citoyens pourront vérifier sa composition.

Les membres du conseil communal seront tous choisis sur la liste des électeurs communaux. Ils doivent être âgés d'au moins vingt-cinq ans révolus. Ils sont élus pour cinq ans et toujours rééligibles.

Dans les communes de 500 habitants et au-dessus, les parents au degré de père, de fils, de frère, et les alliés au même degré ne peuvent faire partie du même conseil communal.

En cas de vacances pendant la période de cinq ans, il devra être procédé au remplacement dès que le conseil communal se trouvera réduit aux trois quarts de ses membres.

II. — DES ASSEMBLÉES

Les conseils communaux se réunissent en session ordinaire quatre fois par an : au commencement des mois de janvier, avril, juillet et octobre ; chaque session peut durer dix jours.

Toutes les fois que les intérêts de la commune paraîtront l'exiger, le maire pourra réunir son conseil communal, soit qu'il s'agisse d'ailleurs d'un intérêt spécial et déterminé, ou d'un intérêt général, et ce, sans que le maire ait à demander aucune autorisation à qui que ce soit.

Le maire préside le conseil communal ; les fonctions de secrétaire sont remplies par un des membres nommé au scrutin et à la majorité absolue des suffrages, et ce, à chaque session.

Le conseil communal ne peut délibérer que lorsque la majorité de ses membres est présente. — Ses délibérations sont secrètes, mais le procès-verbal en est dressé sur un registre spécial signé de tous les membres présents, et ce registre sera toujours à la mairie communiqué sans déplacement à tout électeur communal qui en fera la demande. Le maire réglera le mode, les jours et heures de cette communication.

Le procès-verbal ne contiendra les noms des membres du conseil qui auront soutenu une opinion que lorsque ces membres eux-mêmes en formuleront le désir.

La dissolution des conseils communaux par voie générale ne pourra être prononcée que par la Chambre souveraine. La loi de dissolution fixera l'époque de la réélection sans qu'elle puisse être ajournée à plus de deux mois.

Les conseils communaux ne pourront délibérer que sur les matières dans leurs attributions et qui seront ci-après déterminées. En cas d'écarts, le conseil départemental prononce la nullité de la délibération.

En cas d'immixtion du conseil communal dans des matières hors de sa compétence, le conseil départemental saisi de la question soit par l'initiative du préfet ou de l'un de ses membres, peut en prononcer la dissolution sauf à convoquer les électeurs communaux dans les deux mois.

En cas de conflit le conseil départemental porte l'affaire à la Chambre souveraine qui décide en dernier ressort.

Les proclamations ou adresses aux citoyens, professions de foi politiques, par voie d'affiches ou autres genres de publicité, sont interdites aux conseils communaux en tant que corps constitués.

III. — DES ÉLECTIONS COMMUNALES

Dans les deux mois qui suivront l'expiration du mandat confié pour cinq ans aux conseillers communaux, les électeurs seront convoqués pour élire un nouveau conseil.

Le jour des élections sera fixé par un arrêté du conseil départemental et sera le même pour tout le département. Cet arrêté sera porté par le préfet à la connaissance de chaque maire sortant, qui composera le bureau électoral.

Ce bureau sera composé de six membres pris parmi les électeurs sous la présidence de l'un d'eux. Le maire désignera les membres et leur président.

Trois membres au moins du bureau devront être présents à chaque vote exprimé. Les élections auront lieu à la mairie et le scrutin restera ouvert toute la journée.

Le bureau juge séance tenante et sommairement les difficultés ou contestations qui pourraient s'élever pendant le cours des opérations électorales. Il devra tenir un registre sur lequel chaque électeur, sous sa responsabilité, pourra faire écrire sa protestation qu'il devra signer. Les faits seront, dans le plus bref délai, soumis à la décision du conseil départemental.

Il est dressé de l'opération générale un procès-verbal qui, dans le délai de trois jours, est adressé au conseil départemental par l'intermédiaire du préfet.

Pendant les quinze jours qui précéderont les élections, les réunions publiques ou privées sont autorisées entre les électeurs communaux seulement, sous la simple condition d'en prévenir le maire qui assurera le bon ordre de ces réunions. Du reste, il ne pourra, dans ces réunions, être question que des intérêts communaux proprement dits.

IV. — DES ATTRIBUTIONS

§ 1. — Du Maire.

Le maire est chargé, sous le contrôle du conseil départemental :

De la publication et de l'exécution des lois émanant de la Chambre souveraine, ainsi que des arrêtés et règlements émanant du conseil départemental ;

Des fonctions spéciales qui lui sont attribuées par les lois ;

Enfin de l'exécution des mesures de sûreté générale prises par le chef du Pouvoir exécutif.

Le maire est chargé, comme fonctions locales, sous la surveillance exclusive du conseil départemental :

1° De la police communale, de la police rurale et de la voirie communale, et de pourvoir à l'exécution des actes de l'autorité supérieure qui y sont relatifs ;

2° De la conservation et de l'administration des propriétés de la commune, et de faire en conséquence tous actes conservatoires de ses droits ;

3° De la gestion des revenus, de la surveillance des établissements communaux et de la comptabilité communale ;

4° De la proposition du budget par chapitres séparés et de l'ordonnancement des dépenses avec le plus grand détail ;

5° De souscrire les marchés, de mettre en adjudication les travaux communaux dont il a la direction ;

6° De passer les baux des biens communaux, de souscrire les actes de vente, échange, partage, acceptation de dons et legs, acquisition ou transaction, lorsque ces divers actes auront été autorisés par le conseil communal dont la délibération à cet égard aura été homologuée par le conseil départemental.

7° Il représente la commune en justice soit en demandant, soit en défendant et sous la simple autorisation du conseil communal.

Le maire prend des arrêtés à l'effet :

1° D'ordonner les mesures locales sur tous objets confiés à sa vigilance et à son autorité ;

2° De publier de nouveau les règlements de police départementale, ou les lois de sûreté générale, et de rappeler les citoyens à leur observation.

Les arrêtés du maire sont immédiatement adressés au préfet, pour être soumis, s'il y a lieu, au conseil départemental. Le préfet ne peut ni les annuler ni en suspendre l'exécution. Il peut seulement proposer au conseil départemental de prendre cette mesure. Dans ce cas, ces arrêtés seront soumis à la sanction du conseil départemental dans la session la plus prochaine.

Toutefois ceux des arrêtés du maire qui auront le caractère de règlement permanent ne seront exécutoires qu'après avoir obtenu l'homologation du conseil départemental.

Le maire nomme les gardes champêtres sous l'approbation du conseil communal. Ils n'ont pas besoin d'être agréés ni commissionnés par l'autorité départementale. Le maire ou son conseil communal nomme également le pâtre commun. Il prononce leur révocation, sauf à soumettre sa décision au conseil communal.

Dans le cas où le maire refuserait ou négligerait de faire un des actes qui lui sont prescrits par les lois d'intérêt général, le préfet, après l'en avoir requis, pourra y procéder d'office, sauf à soumettre l'affaire à la session la plus prochaine du conseil départemental.

Le maire procédera aux adjudications pour le compte de la commune, assisté de deux conseillers communaux désignés par le conseil, et du receveur communal. Les procès-verbaux seront, à bref délai, adressés au préfet qui sera chargé d'en faire le rapport à la session du conseil départemental.

Les conseils communaux règlent par leurs délibérations :

1° Le mode d'administration des biens communaux ;

2° Les conditions des baux à ferme ou à loyer quelle qu'en soit la durée ;

3° Le mode de jouissance et la répartition des pâturages et fruits communaux, même les bois ainsi que les affouages.

Les délibérations relatives aux objets ci-dessus, n'ont pas besoin, pour être exécutoires, d'aucune autorisation supérieure. Le conseil communal délibère sur les objets suivants :

1° Le budget de la commune, et, en général, toutes les recettes et dépenses tant ordinaires qu'extraordinaires ;

2° Les tarifs et règlements de perception de tous les revenus communaux ;

3° Les acquisitions, aliénations et échanges des propriétés communales, leur affectation aux différents services publics et en général tout ce qui intéresse leur conservation ou leur amélioration ;

4° La délimitation ou le partage des biens indivis entre plusieurs communes ou sections de communes ;

5° Les baux à ferme et à loyer, les actes de vente, échange, partage, acceptation de dons et legs, acquisitions ou transactions, procès à intenter ou à soutenir, les emprunts à longue échéance ou à court terme ;

6° Les constructions, les grosses réparations dans les édifices communaux, les démolitions et tous les travaux de ce genre, ouvertures des rues et places publiques, alignements, parcours et vaine pâture ;

Enfin sur toutes les questions qui lui seront renvoyées par le conseil départemental soit pour les juger, soit pour demander simplement un avis ou des renseignements d'utilité locale.

Le conseil communal est et demeure étranger à toutes les questions du culte ou des établissements publics qui n'ont pas de rapports communaux directs.

Le conseil communal est chargé des réclamations que pourrait nécessiter la répartition des impôts afférents à la commune.

Le conseil communal délibère sur les comptes annuels présentés par le maire à la fin de l'exercice. Dans cette séance la présidence du conseil est déférée à un de ses membres, nommé *ad hoc* au scrutin, et le maire demeure étranger au procès-verbal de la délibération. Le conseil conteste ou admet provisoirement les comptes tant du maire que du receveur communal, et ces comptes ne sont définitivement réglés qu'après l'examen et l'homologation du conseil départemental dans sa plus prochaine session.

Le conseil communal peut exprimer des vœux sur tous les objets d'intérêt local. Ces vœux sont transmis par le préfet au conseil départemental.

Il ne peut faire ni publier aucune protestation, proclamation ou adresse.

Les délibérations du conseil communal sont prises à la majorité des voix. En cas de partage la voix du président est prépondérante. Ces délibérations sont inscrites sur un registre spécial coté et paraphé par le préfet. Elles seront signées par tous les membres présents. Il est voté au scrutin secret toutes les fois que trois membres le désirent.

En général toutes les délibérations des conseils communaux, même celles qui sont exécutoires sans autorisation, sont adressées au préfet chargé d'en faire le rapport au conseil départemental.

Les budgets des communes, la procédure des aliénations, des actions judiciaires, des transactions et la comptabilité seront régis par les lois générales actuellement en vigueur.

En résumé, comme principes généraux, le maire et son conseil sont souverains pour toutes les questions d'administration pure. Pour toutes les autres, les délibérations ne seront exécutoires qu'après l'homologation du conseil départemental, et ce, dans les formes et sur les matières qui vont être ci-après déterminées au sujet de l'organisation du département.

CHAPITRE II

ORGANISATION ET GESTION DU DÉPARTEMENT

Le département sera administré par : 1° le conseil départemental; 2° le préfet; 3° le conseil de préfecture.

Les conseils d'arrondissement et les sous-préfectures sont supprimés.

I. — DU CONSEIL DÉPARTEMENTAL — SA COMPOSITION — SES ATTRIBUTIONS

Le conseil départemental étant la base du système de gouvernement que nous désirons voir établir, nous examinerons avec le plus grand soin sa constitution et son rôle.

Il y a dans chaque département un conseil général, que nous appellerons plus spécialement conseil départemental.

Le conseil départemental en règle générale et de principe est souverain pour tout ce qui concerne l'administration du département et comme tuteur des communes selon le détail d'attributions formulé dans le chapitre qui précède.

Le conseil départemental est composé d'autant de membres qu'il y a de cantons dans le département, sans que le nombre puisse être inférieur à trente.

Le conseil départemental est élu par le suffrage universel et par scrutin de liste.

Pour la facilité de cette opération, les réunions publiques et privées auront lieu par canton au moins un mois avant le jour fixé pour les élections. Des comités électoraux pourront être formés dans tout le département pour arrêter en commun la liste définitive proposée aux électeurs. Malgré d'ailleurs ce scrutin de liste, chaque électeur aura le droit de retrancher de sa liste, tel candidat que bon lui semblera et le vote exprimé sera valable quand même il ne porterait pas sur un nombre de candidats égal au nombre des conseillers à élire.

Nul ne sera éligible au conseil départemental s'il ne jouit de ses droits civils et politiques et si au jour de son élection il n'est pas âgé de trente ans révolus. De plus il devra forcément être un citoyen résidant dans le département ou tout au moins y ayant son principal établissement.

Ne pourront faire partie des conseils départementaux : 1° aucun membre de l'armée active sans distinction de grades ; 2° les préfets, secrétaires et conseillers de préfecture ; 3° les agents et comptables employés à la recette, à la perception ou au recouvrement des contributions et au paiement des dépenses publiques de toute nature ; 4° les ingénieurs des ponts et chaussées et architectes préposés spécialement aux fonctions publiques dans les départements ; 5° les agents forestiers et les employés du bureau de préfecture des domaines ; 6° en un mot tous les fonctionnaires relevant soit de l'État soit du conseil départemental, sans distinction de fonctions ni de grades.

Nul ne peut être membre de plusieurs conseils départementaux.

Lorsqu'un membre du conseil départemental aura manqué à deux réunions consécutives sans excuses admises par le conseil, il sera censé démissionnaire par ce seul fait sans autre mise en demeure d'explication, et il sera procédé à son remplacement, le conseil départemental devant toujours être au complet.

Les membres des conseils départementaux sont élus pour neuf ans ; ils sont renouvelés par tiers tous les trois ans et sont indéfiniment rééligibles.

Après trois ans écoulés depuis le nouveau fonctionnement de l'institution que nous proposons, le premier tiers devant former les conseillers sortants sera tiré au sort. Après six ans le second tiers sera également tiré au sort parmi les deux tiers restant des conseillers primitivement élus. Au bout de neuf ans le dernier tiers sortant est indiqué par l'ancienneté du siége. Après cette première période de neuf ans le mode de tirage au sort des conseillers sortants est abandonné pour suivre la règle de l'ancienneté.

La dissolution des conseils départementaux ne peut être prononcée par aucun pouvoir, pas plus par le chef du Pouvoir exécutif que par la Chambre souveraine.

En cas de vacance par décès, démission, perte des droits civils et politiques ou autre cause, il est procédé à l'élection complémentaire dans le délai de deux mois à compter du jour où la vacance est constatée.

II. — RÈGLE DES SESSIONS DES CONSEILS DÉPARTEMENTAUX

Le conseil départemental se réunit au chef-lieu du département en session ordinaire quatre fois par an : au commencement des mois de février, mai, août et novembre.

Comme le conseil départemental doit connaître, ainsi que nous l'avons dit ci-dessus, de toutes les délibérations des conseils communaux, les sessions ordinaires que nous venons de fixer suivent à un mois les sessions des conseils communaux dans l'intérêt de la rapidité de conclusion des affaires.

Il se réunit en session extraordinaire sur la convocation de son président, toutes les fois qu'une réunion paraît utile à ce dernier dans l'intérêt général, ou toutes les fois que le conseil départemental est saisi de l'examen d'une question posée par le chef du Pouvoir exécutif ou la Chambre souveraine.

Aucun serment n'est demandé au conseiller départemental qui entre en fonctions.

A sa première session de l'année, c'est-à-dire en février, le conseil sous la présidence du doyen d'âge et le plus jeune faisant fonctions de secrétaire, nomme son président et son secrétaire. Cette nomination a lieu au scrutin et à la majorité absolue des suffrages.

Immédiatement, le conseil étant ainsi constitué, il est procédé également au scrutin et à la majorité absolue des suffrages à l'élection de six des membres du conseil départemental, qui devront composer les députés à la Chambre souveraine.

Ces six élus ne cessent pas pour cela de faire partie du conseil départemental, mais ils ne sont tenus d'assister qu'aux séances qui auraient lieu pendant les vacances de la Chambre souveraine.

Le préfet a entrée au conseil départemental; il peut y paraître en personne, se faire assister ou représenter par un ou plusieurs conseillers de préfecture accrédités à cette fin près du conseil.

Il assiste aux délibérations, mais sans y prendre part. Il n'a pas le droit d'assister à la délibération qui a trait à l'examen de son administration et à l'apurement de ses comptes.

Le préfet, soit par lui-même, soit par un conseiller de préfecture délégué, devra toujours fournir au conseil départemental, sur la demande du président, toutes les explications sur les matières intéressant le département et du ressort du conseil.

Les décisions du conseil départemental sont souveraines et par conséquent exécutoires de plein droit. Toutefois le préfet sous sa responsabilité, mais sans veto suspensif, pourra déférer au chef du Pouvoir exécutif telle délibération du conseil départemental qui lui paraîtrait attentatoire aux droits de l'État. Dans ce cas la question sera portée par le chef du Pouvoir exécutif devant la Chambre souveraine dans sa prochaine session. Si cette décision ainsi incriminée paraît au chef du Pouvoir exécutif présenter les dangers imminents d'exécution même provisoire, il peut sous sa responsabilité en suspendre l'effet, sous la même condition de soumettre à bref délai le conflit à la Chambre souveraine.

Le conseil départemental peut se mettre en rapport avec tout autre conseil départemental français et échanger avec lui toutes communications relatives soit aux intérêts matériels communs, soit au point de vue politique général.

Le conseil départemental peut faire et publier, mais dans son département seul, toutes proclamations ou adresses qu'il jugera utiles ou nécessaires. Il prendra à cet égard et sans contrôle la voie de publicité qui lui conviendra.

Le conseil départemental ne peut délibérer que si les deux tiers au moins de ses membres sont présents. Les votes ont lieu au scrutin secret toutes les fois que six des membres le réclament.

Les séances du conseil départemental ne sont pas publiques. Cependant il sera de chaque séance dressé par le secrétaire un procès-verbal en résumant les points principaux. Ce procès-verbal sera lu à la séance suivante et après son adoption sera transcrit sur un registre spécial, qui sans déplacement devra être communiqué à toute réquisition des électeurs départementaux. Le président du conseil déterminera les lieux, mode et heure de cette communication.

Le conseil départemental mettra ce procès-verbal à la disposition des journalistes du département, et ce de la manière réglementaire qu'il jugera convenable.

Les noms des orateurs qui auront pris part à la discussion ne seront inscrits au procès-verbal que quand ils en feront la demande eux-mêmes. S'ils désirent faire imprimer et distribuer leurs discours, ils pourront y être autorisés par le conseil sur leur demande.

Les fonctions de conseiller départemental seront par leur nature gratuites. Cependant les nouvelles attributions proposées devant déterminer un travail sérieux et des déplacements d'une certaine importance, il sera accordé sur les fonds départementaux un jeton de présence de 25 francs par jour sans frais de voyage ni de déplacement.

Aucun conseiller départemental ne pourra publiquement faire abandon de ce jeton de présence.

Ces paiements seront effectués par le trésorier payeur du département, et ils formeront un chapitre spécial de son budget.

III. — DES ASSEMBLÉES ÉLECTORALES POUR L'ÉLECTION DES CONSEILLERS DÉPARTEMENTAUX

Les conseillers départementaux sont élus par le suffrage universel.

Sont appelés à émettre leur vote tous les citoyens français majeurs jouissant de leurs droits civils et politiques et habitant le département d'une façon stable depuis un an au moins.

Tout homme faisant partie de l'armée française n'est ni électeur ni éligible sans distinction de grades.

Les assemblées électorales sont convoquées à une date indiquée par le président du conseil départemental dont il s'agit de renouveler un tiers. Pour la première fois les élections, devant être générales, seront fixées par une loi.

Le jour indiqué est porté à la connaissance des maires de chaque commune un mois au moins à l'avance. Le vote a lieu à la mairie de chaque commune.

Les élections ont lieu le même jour pour tout le département. Le scrutin sera ouvert deux jours consécutifs.

Les listes électorales seront les mêmes que celles dressées pour l'élection des conseils communaux.

Le bureau électoral aura la même composition et le même fonctionnement que pour l'élection des conseils communaux.

Le maire dans chaque commune sera tenu de faire porter au domicile de chaque électeur la carte constatant son droit au vote, et ce trois jours au moins avant l'ouverture du scrutin. Cette carte énoncera l'objet de l'élection et le jour, le lieu et l'heure où le scrutin sera ouvert.

Le vote a lieu au scrutin secret; en conséquence l'électeur remet son bulletin fermé au président qui le dépose lui-même dans l'urne destinée à cet usage. Le papier sur lequel le vote est exprimé est uniforme et blanc.

La table placée devant le président et les scrutateurs sera disposée de telle sorte que les électeurs puissent circuler à l'entour pendant le dépouillement du scrutin.

La présence de la moitié plus un des électeurs inscrits sur les listes et la majorité absolue des votes exprimés sont nécessaires au premier tour de scrutin pour qu'il y ait élection. Au deuxième tour de scrutin la majorité relative suffit, quel que soit le nombre des électeurs présents. En cas d'égalité du nombre des suffrages l'élection est acquise au plus âgé.

Lorsque la boîte du scrutin aura été ouverte, le nombre des bulletins est vérifié et la lecture de chaque vote exprimé est donnée par le président du bureau. Trois scrutateurs au moins dressent la liste des suffrages obtenus ; après le dépouillement les bulletins sont brûlés publiquement.

Il est dressé procès-verbal du tout, signé par le président, les membres du bureau et les scrutateurs.

Les procès-verbaux des opérations de l'assemblée électorale sont dans les cinq ours transmis au préfet quand il s'agira de l'élection générale, au président du conseil quand il s'agira du renouvellement triennal. Le conseil est immédiatement réuni et il procède lui-même à la vérification des pouvoirs ; il est jugé en dernier ressort de la régularité des opérations.

IV. — DES ATTRIBUTIONS DES CONSEILS DÉPARTEMENTAUX

Le conseil départemental est chargé d'assurer l'exécution des lois d'intérêt général, de l'administration complète du département et de la tutelle des communes qui composent le département.

Il répartit chaque année, à la session de février, les contributions directes entre les communes, conformément à la base établie par la loi de finances votée par la Chambre souveraine.

Le conseil prononce en dernier ressort sur les demandes en réduction du contingent formées par les communes.

Il vote les centimes additionnels qu'il juge nécessaires.

Il examine les procès-verbaux des sessions des conseils communaux et il juge les questions qui lui sont soumises à cet égard par le préfet. Il homologue, pour les rendre définitives et exécutoires, les demandes des conseils communaux selon les cas prévus ci-dessus.

Pour faciliter ce travail, le préfet présente par lui-même ou par un conseiller de préfecture délégué, un rapport sur toutes les affaires de ce genre qui doivent être soumises au conseil pendant la session. Le conseil, sur ce rapport, règle l'ordre du jour.

Le conseil départemental délibère :

Sur les contributions extraordinaires à établir et les emprunts à contracter dans l'intérêt du département ;

Sur les acquisitions, aliénations et échanges des propriétés départementales ;

Sur le changement de destination ou d'affectation des édifices départementaux et sur le mode de gestion des propriétés ;

Sur les actions à intenter ou à soutenir au nom du département ;

Sur les transactions qui concernent les droits du département et sur l'acceptation des dons et legs qui lui sont faits ;

Sur le classement et la direction des routes départementales, des chemins vicinaux de toute classe ;

Sur les projets, plans et devis des édifices à construire avec les fonds départementaux ;

Sur la concession à des associations, à des compagnies ou à des particuliers, des travaux d'intérêt départemental ;

Sur la part contributive à imposer au département dans les travaux exécutés par l'État et dont le département profite dans une certaine mesure ;

Sur les secours et allocations à donner aux communes pour des travaux communaux auxquels le département est intéressé ;

Sur les changements proposés à la circonscription des territoires, des arrondissements, des cantons et des communes et à la désignation des chefs-lieux ;

Sur les difficultés soulevées relativement à la dépense des travaux qui intéressent plusieurs communes ;

Sur l'établissement, la suppression ou le changement des foires et marchés ;

Enfin il donne son avis sur toutes les questions qui lui sont soumises par la Chambre souveraine, le chef du Pouvoir exécutif ou les différents ministères.

Le conseil départemental peut adresser directement, par l'intermédiaire de son président, à chaque ministère, les réclamations qu'il aurait à présenter dans l'intérêt spécial de son département ainsi que son opinion sur l'état et les besoins des services publics en ce qui touche le département.

Il peut, par la même voie, adresser soit au chef du Pouvoir exécutif, soit à la Chambre souveraine, ses vœux en matière générale et intéressant le progrès des institutions nationales.

Toutes les décisions du conseil départemental sont exécutées par le préfet qui, à chaque session, rend compte au conseil de son administration et de l'état général des affaires.

Le conseil départemental entend et débat les comptes d'administration présentés par le préfet.

Il règle son budget des recettes et dépenses ; les budgets et comptes du département sont rendus publics par la voie de l'impression et adressés par le préfet à tous les maires des communes composant le département.

Le conseil départemental devenant, pour le département, le pouvoir indépendant en matière administrative, toutes les décisions et résolutions prises sur les objets ci-dessus détaillés sont souveraines et exécutoires sans qu'il soit besoin de les soumettre à aucune autorisation soit du Pouvoir exécutif, soit des différents ministères, soit de la Chambre souveraine.

Le préfet, soit seul, soit en conseil de préfecture, n'a aucun contrôle sur le conseil départemental dont il n'est en quelque sorte, pour l'administration du département, que le pouvoir exécutif.

Les ressources du département formant les recettes de son budget sont réglées par les lois de finances émanant de la Chambre souveraine.

Ces budgets de recettes et dépenses sont établis suivant les règles générales de la comptabilité édictées par la loi du 31 mai 1838.

V. — DU PRÉFET — DU CONSEIL DE PRÉFECTURE

Le préfet a des fonctions doubles. Il est le représentant, pour le département, du pouvoir central de l'État, et il est l'exécutif des décisions du conseil départemental.

Le préfet est nommé par le chef du Pouvoir exécutif ; il doit être âgé d'au moins trente ans et ne peut être pris que parmi les conseillers de préfecture de première classe.

Les préfectures seront divisées en plusieurs classes, selon leur importance et les exigences du service.

Le préfet, comme représentant du gouvernement, est chargé de tous les rapports entre le Pouvoir exécutif, ses ministres et les populations. Il assure la publicité des proclamations ou adresses du gouvernement. Il transmet au gouvernement les vœux des conseils généraux en matière d'intérêt public.

Il présente au conseil général le budget du département. Il prépare entre chaque session le travail de rapport sur tous les procès-verbaux des réunions des conseils communaux et il appelle l'attention et l'examen du conseil départemental sur toutes les délibérations des conseils communaux qui lui paraissent s'écarter des règles de compétence ci-dessus énoncées.

Il fait et soutient devant le conseil départemental le rapport sur toutes les propositions, toutes les demandes, toutes les décisions des conseils communaux qui, d'après la loi, doivent recevoir la sanction du conseil départemental.

Il soutient ce rapport et ses conclusions devant le conseil départemental soit par lui-même, soit par l'organe d'un conseiller de préfecture accrédité.

Pour la facilité de ce travail, chaque délibération d'un conseil communal sera, aussitôt son envoi à la préfecture, examinée par le préfet, et de cet examen sortira le tableau suivant :

1° Délibérations ne sortant pas des attributions du conseil communal et comme telles exécutoires par elles-mêmes ;

2° Délibérations sur lesquelles le préfet, sous sa responsabilité d'appréciation, croira devoir appeler l'attention du conseil départemental ;

3° Enfin délibérations qui, par leur nature, doivent forcément être soumises au conseil départemental pour en obtenir l'homologation.

La première catégorie de délibérations ne fera l'objet d'aucun rapport. Pour les deux autres catégories le préfet fera un rapport et donnera son avis motivé.

Du conseil de préfecture.

Le conseil de préfecture, comme corps ayant une existence propre et indépendante, est supprimé.

Il n'est plus que l'aide du préfet pour l'administration du département et devient par cela même le corps où se recruteront exclusivement les préfets.

Les conseillers de préfecture seront licenciés en droit et âgés d'au moins vingt-cinq ans.

Ils sont nommés par le chef du Pouvoir exécutif.

Ils seront attachés auprès des préfectures en nombre suffisant pour les besoins du service et la rapide expédition des affaires. Les conseils départementaux seront d'ailleurs consultés sur le nombre des conseillers de préfecture que nécessitera le département, sans que d'ailleurs ce nombre puisse être inférieur à quatre.

De plus, il sera créé un corps de conseillers de préfecture surnuméraires; ces surnuméraires seront licenciés en droit et âgés d'au moins vingt-un ans.

Le conseil de préfecture prépare pour le préfet tous les rapports demandés par lui sur quelque matière que ce soit, et spécialement il examine les demandes des particuliers tendant au dégrèvement des impôts ;

Sur les difficultés qui pourraient s'élever entre les entrepreneurs des travaux publics et l'administration, concernant le sens ou l'exécution des clauses de leur marché;

Sur tous les conflits entre les intérêts particuliers lésés par les travaux d'utilité générale et, en un mot, sur toutes les questions à introduire en justice soit comme demandeur, soit comme défendeur dans l'intérêt du département.

Toutes ces questions, d'ailleurs, sont portées devant les tribunaux ordinaires et selon les règles de compétence actuelles.

Le préfet distribue le travail entre les conseillers de préfecture. Chaque conseiller de préfecture signe seul sous sa responsabilité le rapport demandé et ce travail personnel fait la base de l'avancement.

Le préfet, s'il le juge convenable, fait délibérer par le conseil de préfecture composé de tous ses membres et présidé par lui, le rapport de telle ou telle affaire qui devra être portée devant le conseil départemental.

Une loi spéciale de finances déterminera, suivant les classes, le traitement du préfet, des conseillers de préfecture et des surnuméraires s'il y a lieu.

Le préfet adressera chaque année au chef du Pouvoir exécutif un rapport contenant son appréciation personnelle sur le mérite et la valeur à tous les points de vue des conseillers de préfecture et des surnuméraires qui travaillent dans son administration.

CHAPITRE III

DE LA CHAMBRE SOUVERAINE — DU CHEF DU POUVOIR EXÉCUTIF

I. — DE LA CHAMBRE SOUVERAINE

La Chambre souveraine, avons-nous dit, se recrute parmi les membres des conseils départementaux.

Les membres des conseils départementaux appelés à former les députés à la Chambre souveraine sont nommés par scrutin de liste par le conseil lui-même qui aussitôt constitué tient une séance spéciale.

Ces députés ne peuvent pas être d'un nombre inférieur à six. De plus dans les départements qui auront plus de trente cantons, il sera nommé un député en plus pour trois cantons, de telle sorte que le département qui aura de trente à trente-trois cantons aura sept députés; de trente à trente-six cantons, huit députés, et ainsi de suite.

Ces députés sont nommés pour trois ans ; ils peuvent être réélus une seule fois, après six ans ils ne sont plus rééligibles. Mais après une interruption de fonctions de trois ans, ils peuvent de nouveau être appelés à deux législatures consécutives.

En tout cas, le mandat de député expire avec celui de conseiller départemental.

Une fois que le conseil départemental a procédé dans une séance spéciale et après vérification des pouvoirs, à la nomination de ses membres députés, cette élection est portée à la connaissance de toutes les communes du département par voie d'affiches adressées au maire qui les fera apposer dans les trois jours.

Le procès-verbal de cette séance est remis au préfet, signé des membres présents du conseil départemental, et une ampliation en est envoyée au chef du Pouvoir exécutif par les soins du préfet.

Le chef du Pouvoir exécutif en accuse réception, et sur ces procès-verbaux authentiques il fait dresser la liste des députés. La chambre souveraine ainsi constituée n'a pas à vérifier ses pouvoirs.

II. — DES ATTRIBUTIONS DE LA CHAMBRE SOUVERAINE

A sa première réunion la Chambre nomme au scrutin secret son président, ses vice-présidents, ses questeurs et ses secrétaires.

La séance ou les séances pendant lesquelles il est procédé à ces élections sont présidées par le doyen d'âge des membres présents, et les quatre plus jeunes font les fonctions de secrétaires.

Le résultat de cette élection est aussitôt proclamé et les membres élus prennent possession des fonctions qui leur sont attribuées.

La Chambre ainsi constituée fixe le jour où elle procédera à la nomination du chef du Pouvoir exécutif. Cette élection ne pourra pas avoir lieu plus de dix jours après la constitution définitive de la Chambre.

Le chef du Pouvoir exécutif peut être pris par la Chambre soit parmi ses membres, soit hors de son sein.

L'élection n'est valable qu'autant que le candidat aura réuni les trois quarts plus un des membres présents de la Chambre.

De plus les quatre cinquièmes au moins des membres de la Chambre devront prendre part au vote.

Le vote a lieu au scrutin secret et par appel nominal. L'abstention et le bulletin blanc sont interdits.

Le membre de la Chambre souveraine qui n'assistera pas à la séance de la nomination du chef du Pouvoir devra justifier devant ses collègues des motifs de son absence.

Le dépouillement du scrutin fait, le président de la Chambre en proclame le résultat, et il est aussitôt nommé une commission de dix membres chargés avec le président de remettre solennellement au chef du Pouvoir exécutif élu le procès-verbal de la séance et de lui annoncer officiellement le mandat qui lui est confié.

Dans les trois jours qui suivront cette notification la Chambre sera convoquée et le chef du Pouvoir exécutif viendra déclarer solennellement à la Chambre qu'il accepte le mandat.

Il entrera immédiatement en fonctions.

Les procès-verbaux de la séance d'acceptation et de la séance de nomination, sont par les soins du président de la Chambre adressés au préfet de chaque département qui les fait aussitôt afficher dans toutes les communes de son département. Ce procès-verbal est également envoyé par le préfet à chaque membre du conseil départemental.

Aucun serment n'est prêté par le chef du Pouvoir exécutif, le serment en matière politique est aboli à tous les degrés des pouvoirs publics.

La Chambre souveraine fait toutes les lois d'intérêt général.

Elle vote les impôts, établit le budget des recettes et dépenses présentés par le chef du Pouvoir exécutif.

Elle déclare la guerre, fait les traités de paix, d'alliance ou de commerce.

Chacun des membres qui la composent peut présenter un projet de loi : si ce projet de loi est admis en principe par la Chambre, il est renvoyé à une commission spéciale qui en fait le rapport. Si cette commission déclare qu'il y a lieu de poursuivre l'idée et de faire la loi, le projet est renvoyé au conseil d'État qui est chargé d'en élaborer les articles et les termes.

L'initiative des lois par voie de pétition appartient à tout électeur, mais elle ne peut être présentée à la Chambre que par un député qui en fait la proposition sous sa garantie personnelle.

Toute pétition du reste émanant de simples particuliers soit au chef du Pouvoir exécutif, soit à la Chambre, ne pourra être présentée que par un ou plusieurs députés du département originaire de la pétition. Ces députés devront contre-signer cette pétition.

Tous les projets de loi peuvent en séance de la Chambre recevoir tous les amendements possibles, de quelque initiative d'ailleurs qu'émane la loi.

Ces amendements sont acceptés ou rejetés après discussion.

La Chambre souveraine fait comparaître devant elle quand elle le juge nécessaire, soit le chef du Pouvoir, soit les ministres. Elle peut toujours demander des explications sur toutes affaires intérieures et extérieures. Le chef du Pouvoir exécutif peut ajourner la réponse à l'interpellation, sous la responsabilité ultérieure de ses motifs déterminants.

La Chambre peut toujours modifier à son gré la nature de ses rapports avec le chef du Pouvoir exécutif, augmenter ou restreindre les pouvoirs qu'elle délègue, car toute constitution écrite est abolie et la Chambre est l'unique autorité souveraine et en dernier ressort.

III. — DES SÉANCES DE LA CHAMBRE SOUVERAINE

La Chambre a deux sessions ordinaires par an, l'une qui commence le 1ᵉʳ mai et l'autre le 1ᵉʳ novembre. La durée de ces sessions est illimitée et n'a pour base que la durée même des affaires qui sont à traiter.

Outre ces sessions ordinaires, le chef du Pouvoir exécutif peut toujours faire réunir la Chambre pour lui soumettre quelque question grave et urgente de politique intérieure ou extérieure.

Pendant toute la durée de ces sessions ordinaires ou extraordinaires, chaque député, comme indemnité, touche un jeton de présence de 50 francs par jour, sans frais de déplacement.

La Chambre se réunit au jour fixé pour ses sessions ordinaires et au jour fixé par un décret de convocation émanant du chef du Pouvoir exécutif pour le cas de réunion extraordinaire.

A l'ouverture de la première séance de l'année, le président, assisté des secrétaires, procède, par la voie du tirage au sort, à la division de l'Assemblée en vingt bureaux.

Ces vingt bureaux, ainsi formés pour toute la durée de la session, sont présidés par le doyen d'âge de chaque bureau et le plus jeune membre fait fonction de secrétaire.

Les projets de loi sont apportés à la Chambre par les conseillers d'État commis à cet effet et le président en donne lecture publique.

Ces projets sont imprimés, distribués à chaque membre de la Chambre, qui dans chacun de ses bureaux nomme, au scrutin secret, une commission de cinq membres pour en faire le rapport.

Les amendements peuvent être présentés soit par le chef du Pouvoir exécutif, soit par un groupe de députés qui ne pourra être moindre de six. Ces amendements seront reçus soit par la commission, soit même après le rapport déposé.

Les auteurs de l'amendement ont le droit de venir le soutenir devant la commission qui devra les entendre.

Si la majorité des commissions propose une nouvelle rédaction, le projet de loi est renvoyé au conseil d'État qui le modifie dans le sens indiqué.

Enfin, quand les commissions et le conseil d'État se sont mis d'accord pour le texte définitif, la loi est mise à l'ordre du jour de la Chambre.

Il est d'abord donné une lecture complète de toute la loi, puis il est procédé au vote sur chaque article séparément. Ces articles votés avec ou sans modifications, il est ensuite voté sur l'ensemble de la loi.

Le vote a lieu par assis et levé. Si le président regarde l'épreuve comme douteuse, il est procédé au scrutin. Du reste, il est toujours procédé au scrutin toutes les fois que dix membres le réclameront.

Le vote sur l'ensemble de la loi ne peut avoir lieu qu'au scrutin public et à la majorité absolue. Le scrutin est dépouillé par les secrétaires et proclamé par le président.

La présence des trois quarts des députés est nécessaire pour la validité du vote.

La Chambre souveraine n'a pas à motiver son vote. Elle adopte ou rejette.

La minute du projet de loi adopté par la Chambre est signée par le président et les secrétaires et déposée dans les archives. Une copie également signée par le président et les secrétaires est remise au chef du Pouvoir exécutif pour en faire la promulgation.

Le chef du Pouvoir exécutif et la Chambre peuvent communiquer par voie de messages ou proclamations. Les communications de ce genre du chef du Pouvoir exécutif à la Chambre lui sont portées et lues par un conseiller d'État à ce délégué. Les communications de la Chambre au chef du Pouvoir exécutif lui sont remises par le président de la Chambre. La Chambre est seule juge de savoir si la publicité sera donnée à cet échange d'idées. En cas de publicité, la Chambre seule en règle la forme, les voies et moyens.

La Chambre fait elle-même son règlement intérieur, le modifie, l'augmente, le complète à son gré. Elle règle également la tenue de ses séances, le mode d'obtenir la parole, l'ordre des discussions, en un mot tout ce qui intéresse le maintien de sa discipline intérieure.

Le président est garant de l'observation du règlement.

Les séances de la Chambre sont publiques.

Le procès-verbal officiel des séances, signé par le président, est communiqué aux journaux, qui seront tenus de l'insérer en entier dans le numéro même où ils discuteraient les matières qui ont réglé l'objet de la séance.

IV. — DU CHEF DU POUVOIR EXÉCUTIF

Le chef du Pouvoir exécutif entre en fonctions du jour où il a accepté, en séance publique de la Chambre, le mandat qui lui est confié.

Il est nommé pour six ans.

Il est responsable de son gouvernement en général devant la Chambre souveraine dont il est l'élu.

Il ne peut jamais faire aucun appel au peuple. Les proclamations, messages ou adresses qu'il croirait devoir produire seront toujours adressées à la Chambre.

Il est le chef de l'État; il commande en temps de paix les mouvements des troupes de terre et de mer; il nomme à tous les emplois dans l'ordre administratif et judiciaire.

Il fait les règlements et décrets nécessaires à l'exécution des lois.

Il promulgue les lois et les rend exécutoires par un simple décret.

La justice se rend en son nom.

Il a spécialement l'initiative des lois, mais non exclusivement.

Il représente la République française auprès des nations étrangères. Il nomme et accrédite les ambassadeurs ordinaires ou extraordinaires, les consuls et chargés d'affaires, ainsi que tout le personnel diplomatique.

C'est auprès de lui que sont accrédités tous les représentants, à quelque titre que ce soit, des nations étrangères.

Il assure l'exécution de toutes les décisions d'intérêt général prises par la Chambre, et il prend à cet égard tous les décrets administratifs nécessaires.

Il nomme les préfets et les conseillers de préfecture. Il se tient constamment en rapport avec les préfets pour recevoir et communiquer à la Chambre les vœux des conseils départementaux.

Il administre le domaine de l'État et prend toutes les mesures conservatoires.

Il nomme et choisit les ministres mis à la tête de chaque branche de l'administration. Il peut prendre ces ministres soit au sein de la Chambre, soit en dehors de ses membres. Il nomme également tout le personnel attaché aux différents ministères.

Les ministres ne relèvent que du chef de l'État. Ils ne sont responsables que chacun en ce qui le concerne des actes du gouvernement, sans solidarité entre eux. Ils ne peuvent être mis en accusation que par la Chambre.

Le chef du Pouvoir exécutif présente le budget et fait dresser l'état des recettes et des dépenses. Le budget sera établi par chapitres distincts et par ministères. Aucun virement de fonds n'est autorisé.

Les ministres assistent, s'ils le jugent à propos, aux séances de la Chambre. Mais ils sont toujours tenus de s'y rendre sur l'invitation qui leur est adressée par le président de la Chambre.

Le chef du Pouvoir exécutif a également droit d'assister aux séances de la Chambre et une place spéciale lui est réservée. Il a toujours le droit d'être entendu par la Chambre quand il le demande. Ce désir d'être entendu sera satisfait avant tout ordre du jour de la Chambre et à l'ouverture de la séance.

La Chambre peut révoquer le chef du Pouvoir exécutif. Dans ce cas elle tient sa séance en comité secret. Son vote de révocation n'est pas motivé. Le vote de révocation doit réunir au moins les trois quarts des suffrages exprimés.

Il est dressé un procès-verbal de cette séance, et le président de la Chambre notifie lui-même au chef du Pouvoir exécutif l'arrêt de révocation. Ses pouvoirs cessent le jour même.

En cas de révocation, de démission ou de décès du chef du Pouvoir exécutif avant l'expiration de son mandat, il est procédé le plus promptement possible à son remplacement. En attendant la réélection, le président de la Chambre gouverne à l'aide des ministres en fonctions qui se forment alors en conseil de gouvernement. Ils délibèrent à la majorité des voix.

Une loi de finances votée par la Chambre détermine le montant de l'indemnité qui sera allouée au chef du Pouvoir exécutif comme traitement annuel.

V. — DU CONSEIL D'ÉTAT

De même que sans lui donner une vie propre nous avons placé un conseil de préfecture à côté du préfet pour l'aider à administrer le département, de même nous placerons auprès du chef du Pouvoir exécutif un conseil d'État que nous devrions plus proprement dénommer : conseil de législation.

Le conseil d'État est composé de cinquante membres titulaires et de cinquante membres surnuméraires. Ils sont, les uns et les autres, nommés par le chef du Pouvoir exécutif.

Le conseil d'État sera chargé, sous la direction du chef du Pouvoir exécutif, de rédiger les projets de loi qu'il a l'intention de proposer à la chambre, ainsi que les décrets formant règlements administratifs qu'il peut rendre seul.

Il est chargé également de résoudre les difficultés administratives qui pourraient s'élever entre plusieurs départements, ainsi que les difficultés d'application des règlements d'intérêt général.

Dans le cas où un conseil départemental aurait une plainte à former contre le préfet, la plainte est portée devant le conseil d'État. Une commission est chargée d'instruire l'affaire. Cette commission entend le fonctionnaire accusé si elle le trouve utile. La commission fait son rapport au conseil d'État, et le jugement est rendu par le chef de l'État sans publicité, sauf appel à la Chambre souveraine.

Le conseil d'État connaît également des projets de loi qui lui sont renvoyés directement par la Chambre, et il est chargé en général de la rédaction de toutes les lois.

Le rapporteur de ces projets de lois porte la parole devant la Chambre et donne les explications qui lui sont demandées.

Enfin le chef du Pouvoir exécutif et chacun des ministres peut déléguer à la

Chambre un ou plusieurs conseillers d'État chargés de défendre ou d'expliquer leur administration.

Une loi organique déterminera également l'avancement, le classement des membres du conseil d'État et le montant de leur traitement.

Telle est dans sa généralité l'économie du nouveau fonctionnement politique que nous proposons. Il nous reste maintenant à nous résumer et à démontrer les avantages de notre système sur ceux qui l'ont précédé. Ce sera l'objet du chapitre suivant.

CONCLUSIONS

Le lecteur a pu tout d'abord saisir le côté essentiellement démocratique de ces nouvelles institutions. Élargir le cercle des attributions des corps sociaux qui forment les premiers degrés de l'échelle administrative, dominer l'influence du chef de l'État, donner plus aux assemblées en donnant moins à l'individu, est de la démocratie saine, la seule qui puisse prétendre à régénérer l'avenir. En effet, l'esprit public n'est pas à la hauteur de sa mission, et la pratique du suffrage universel n'est pas sans faire naître quelque inquiétude. A force de parler au peuple de ses droits, on lui a fait oublier ses devoirs; de là ces doctrines étranges, produit d'imaginations stériles, malsaines, et l'on s'étonne moins de les voir se produire au grand jour, qu'on ne gémit de voir tant d'égarés les soutenir jusqu'à mourir pour elles. Fidèle au principe que nous avons posé, nous ne rechercherons pas si c'est aux gouvernements précédents ou aux oppositions à assumer sur leur tête la responsabilité de la crise sociale, ni même dans quelle proportion ce partage onéreux pourrait être fait. Mais, laissant de côté la cause, nous ne voudrons plus voir que l'effet et nous avons cherché le remède sans nous occuper davantage de l'origine du mal.

Nous avons pensé éclairer le suffrage universel, familiariser les électeurs avec leurs devoirs et les conséquences de leurs votes en développant les attributions des conseils départementaux. En effet il va dans notre système s'établir un courant vif et rapide de rapports entre la commune et le conseil départemental. Sous les régimes anciens, le préfet et le conseil de préfecture étaient plus directement les tuteurs des communes, et l'origine de ces fonctionnaires était toujours un obstacle à ce qu'il s'établît un large sentiment de sympathie avec les administrés. La préfecture était la pierre d'achoppement de tous les désirs, de tous les vœux, de tous les projets, l'entrave opposée aux trop impatients, le rappel à l'ordre gouvernemental, une machine montée par les lois et l'usage et qui fonctionnait sans trop s'inquiéter des intérêts privés broyés dans l'engrenage.

En transportant les pouvoirs du préfet aux conseils départementaux, les communes y gagneront, car leurs intérêts sont confiés à leurs protecteurs naturels, à leurs élus. Aujourd'hui l'électeur qui nomme un député, un conseiller général, s'intéresse fort peu à la personne même du candidat qui une fois nommé disparaît à ses yeux dans les nuages de ses fonctions et avec lequel il n'a plus de rapports directs. De là l'extrême facilité avec laquelle il vote pour le premier venu qui s'abrite sous le drapeau des mots creux et sonores. Mais quand il saura que son conseiller départemental va devenir directement l'administrateur de sa commune, le chargé d'affaires de tous et de chacun, il se préoccupera davantage de son choix et il s'appliquera à ne donner ses suffrages qu'à des hommes connus de lui, dont l'honnêteté, le bon sens pratique, le désir du bien seront les qualités primordiales. De plus l'électeur suit l'élu dans sa carrière, il étudie sa conduite, ses tendances, il apprend à le connaître, et à la législature suivante il lui retire son mandat ou le lui confirme.

D'un côté donc le suffrage universel s'épure, s'instruit, devient moins facile à égarer, se préoccupe plus de l'individu, de sa valeur personnelle, que de la nuance de ses opinions politiques. De l'autre, à l'ombre de ce système de décentralisation raisonnée, il se forme une pépinière d'administrateurs pratiques qui, sortis de la commune, arrivent au conseil départemental et de là à la Chambre, familiarisés avec les rouages gouvernementaux et dont on n'a plus à redouter la passion, fruit ordinaire et fatal de l'inexpérience.

Remarquons d'ailleurs qu'en émancipant la commune et le département nous n'avons en rien affaibli l'État. Si nous eussions demandé au suffrage universel des députés à la Chambre souveraine indépendants des conseils départementaux, ce mal était à craindre, tandis que la représentation nationale prise au sein des conseils départementaux sans cesser d'en faire partie rattache le département à l'État, la partie au tout, par une chaîne logique, par un lien qui ne peut ni se relâcher ni s'affaiblir.

Désireux de faire avec la plus entière franchise l'examen critique de notre système, nous dirons quelques mots du scrutin de liste proposé pour l'élection des conseils départementaux. En maintenant l'élection d'un membre par canton, nous eussions forcément vu deux candidats au moins en présence par canton. De là peut-être pour l'élu une majorité soit absolue, soit relative de quelques voix et, arrivant au conseil dans ces conditions, son autorité personnelle vis-à-vis de ses collègues eût été amoindrie. En tout cas la lutte au canton engendrait des divisions entre les électeurs, résultat toujours mauvais et directement opposé au bon sens pratique que nous voulons faire acquérir au groupe électoral. Nous supprimerons donc par le scrutin de liste les divisions de clocher, les influences trop locales, et, remarquons que la difficulté de composer une liste de trente noms, pour tout un département ne se présente qu'au début de l'institution et qu'après trois ans écoulés, la liste ne porte plus qu'un minimum de dix noms. Il n'y a pas à craindre non plus l'absorption des campagnes par les villes, puisque nous avons réservé à chaque électeur le droit d'inscrire sur la liste générale, le nom de son candidat préféré. Il s'établira donc forcément en pratique des comités électoraux par cantons qui seront amenés logiquement à se mettre en rapport entre eux et à dresser une liste de fusion qui noiera la passion politique sous le désir plus noble d'une représentation surtout capable, sage et éclairée.

Élargissons maintenant le cercle de nos réflexions et examinons notre système au point de vue de ce que l'on appelle pompeusement *la pondération des pouvoirs*.

En effet, jusqu'à présent, on a toujours regardé le chef du gouvernement soit monarchique, soit républicain, comme un ennemi toujours disposé à conquérir plus de pouvoirs qu'on ne voulait lui en confier. Le gouvernement de son côté, toujours craintif, toujours défiant, usait ses forces à surveiller les partis qu'il croyait toujours prêts à la lutte, toujours discutant son principe. Sa durée étant alors précaire, la marche générale de la politique intérieure et extérieure devait manquer de franchise, d'allures nettes, loyales et précises. C'était là un état révolutionnaire permanent qui ne pouvait donner qu'une prospérité factice, cachant l'inanité du fond sous les pompeux décors de la forme.

Dans notre système, croyons-nous, réside la vraie force, la vraie grandeur ; nous avons donné à la Chambre les finances, les armées, c'est-à-dire le pouvoir souverain, mais de ce côté nous n'avons rien à redouter : si la Chambre dans des circonstances quelconques venait à briser le chef du Pouvoir exécutif, elle ne supprime qu'un homme, l'institution reste entière. L'individu disparaît, le gouvernement reste, et cette mutation de personne se réduit à un changement de nom. Aucun trouble social ne descend des régions du pouvoir.

Quant au chef du Pouvoir exécutif, tout en le laissant dépendant de la Chambre, nous lui avons donné encore assez de pouvoir pour lui laisser un rôle éclatant, et si l'avenir réservait à la France un homme de génie, il aurait toute latitude pour donner l'essor à l'immensité de ses conceptions.

Maintenant s'il faut tout prévoir, supposons un crime. Supposons que dans une heure d'égarement, mû par une ambition coupable et démesurée, le Président de notre république veuille conquérir un pouvoir illimité, sans contrôle effectif. Il conspire dans l'ombre, s'assure des complices et dans une seule nuit tous les représentants de la France sont saisis, emprisonnés, supprimés. Sur le lieu du crime la terreur fait le silence..... mais croyez-vous qu'une révolution puisse s'accomplir ainsi ! Nullement. Il reste la province, les départements. Le préfet désarmé ne peut plus être le bras des coupables. Les conseils départementaux s'assemblent, se mettent rapidement en rapport les uns avec les autres, se groupent et le mouvement commencé dans la capitale, s'isole, avorte et disparaît de lui-même sous son impuissance. Le chef de l'État est sorti de la légalité, les moyens lui manquent pour rentrer dans l'ordre et son crime n'a qu'une conséquence, la honte et l'ignominie qui s'attachent au nom de son auteur. Ce genre de révolution nous semble tellement impossible qu'au bout de six ans seulement de pratique de nos institutions nous verrions sans crainte porter à la présidence le nom le plus redouté, le plus influent des partis actuels.

Enfin pour terminer ces trop longues réflexions, remarquons que le renouvellement partiel du conseil départemental et de la Chambre ne nous met jamais en face d'élections générales, cause de troubles, d'émotions, de temps d'arrêt dans les industries. La marche du gouvernement n'a plus de lacunes, n'est jamais interrompue. L'intérêt électoral se déplace, la lutte n'a plus lieu sur la couleur du drapeau, elle ne porte plus que sur l'individu. Il lui reste la vie politique, source de grandeur, de forces viriles, mais elle n'est plus dangereuse pour la tranquillité sociale.

Tel est l'ensemble des institutions que nous désirons pour notre pays. Mettons-nous à l'œuvre, pratiquons-les pendant dix ans, résolûment, loyalement, ne cherchant qu'à les améliorer par un progrès lent, réfléchi, mesuré, et la France reprendra en Europe son rang intellectuel et moral, elle redeviendra ce qu'elle doit être, la lumière qui guide les sociétés modernes. Elle n'aura plus à calculer le nombre de ses enfants qu'elle peut armer, sa force sera indépendante de ses armées, et l'Alsace et la Lorraine nous reviendront par la seule puissance de l'Idée, sans dépenser un écu, sans sacrifier une existence.

Corbeil. — Imprimerie de Crété fils.